Le Méli-Mélo

D'ACTIVITÉS AUTONOMES CE2

Sandrine BROU
Professeur des écoles
Académie de Nice

La Trousse de Sobelle
Blogueuse

Copyright © 2022
Tous droits réservés

Le Méli-Mélo
D'ACTIVITÉS AUTONOMES
CE2

PRÉSENTATION DU FICHIER

Ce cahier d'activités autonomes se compose de 30 fiches comprenant chacune 3 ou 4 exercices.
- Un ou deux exercice(s) de français
- Un ou deux exercice(s) de maths
- Un exercice d'histoire, de géographie, de sciences, d'EMC ou d'anglais.

Les exercices reviennent tour à tour… ainsi les consignes disparaissent au fur et à mesure et les élèves gagnent du temps dans la compréhension de la tâche à réaliser sans être encombrés par une lecture de consigne.

Les exercices de français s'articulent autour du graphisme, de la lecture, de la grammaire, de la conjugaison, de l'orthographe et du vocabulaire.
Les exercices de maths, s'articulent quant à eux, autour du calcul mental essentiellement, de la numération et de la géométrie.
Ce sont des activités ludiques et accessibles à tous les élèves quel que soit leur niveau.

En haut de chaque fiche, deux petits cercles permettent d'évaluer la présentation-le soin et le travail fait : soit par un chiffre, un smiley, une couleur, une lettre…

Les corrections sont proposées à la fin du cahier. Certains exercices ne sont pas corrigés car c'est à l'enseignant de le faire, les réponses étant personnelles à chaque enfant.

Ces fiches peuvent être données au fur et à mesure des semaines ou des mois, ou reliées en un cahier et donné en tout début d'année scolaire, ou encore juste à la fin de l'année en guise de révision pour les dernières semaines de juin.

Le Méli-Mélo
D'ACTIVITÉS AUTONOMES CE2

PRÉNOM :

Fiche 1	
Fiche 2	
Fiche 3	
Fiche 4	
Fiche 5	
Fiche 6	
Fiche 7	
Fiche 8	
Fiche 9	
Fiche 10	
Fiche 11	
Fiche 12	
Fiche 13	

Fiche 14	
Fiche 15	
Fiche 16	
Fiche 17	
Fiche 18	
Fiche 19	
Fiche 20	
Fiche 21	
Fiche 22	
Fiche 23	
Fiche 24	
Fiche 25	

Photocopies autorisées pour une classe seulement @La Trousse de Sobelle

Le Méli-Mélo
D'ACTIVITÉS AUTONOMES CE2

1

Présentation soin ○

Réussite ○

---

a. Une belle écriture
Recopie en prenant exemple sur le modèle.

i
u
t
titi
tuti
tutu

---

b. Le nombre mystérieux
Calcule puis colorie les résultats dans le tableau. Le nombre qui reste est le « nombre mystérieux ».

18 + 5	27 + 11	34 + 16	25 + 6
54 + 13	23 + 12	45 + 7	37 + 5

52	32	35
31	50	38
23	42	67

Le nombre mystérieux est : _____

---

c. Les couleurs en anglais
Colorie les nuages comme indiqué.

black   red    grey    blue    yellow    green

---

d. Je me présente

Mon prénom : ....   Mon nom : ....

Mon âge : ....   Ma date de naissance : ....

Mon lieu de naissance : ....

Nombre de frères et sœurs : .... frère(s)   .... sœur(s)

Le prénom de ma mère : ....   Le prénom de mon père : ....

Le Méli-Mélo
D'ACTIVITÉS AUTONOMES CE2

Présentation soin

Réussite

a. Lecture-enquête

« Vous êtes bien sur le répondeur de Lucie. Je ne peux pas vous répondre pour le moment, mais laissez-moi votre message et vos coordonnées et je vous rappellerai dès que possible. Merci ! »

Où peux-tu entendre ce message ? ....

Que doit-on faire pour que Lucie rappelle ? ....

....

b. Verbes mêlés

Trouve l'infinitif des verbes proposés dans la grille. Entoure-les puis écris-les dans le tableau. En horizontal, en vertical et en diagonale).

Nous rions	Infinitif : rire
Je danse	Infinitif :
Il saute	Infinitif :
Vous jouez	Infinitif :
On s'amuse	Infinitif :
Elles chantent	Infinitif :
Tu fêtes	Infinitif :
Ils surfent	Infinitif :

Z	S	A	M	U	S	E	R
F	F	U	Y	G	A	S	I
E	D	W	R	O	U	E	R
T	E	A	R	F	T	H	E
E	O	L	N	J	E	X	L
R	P	K	I	S	R	R	A
I	U	J	O	U	E	R	I
C	H	A	N	T	E	R	L

c. Le serpent des nombres

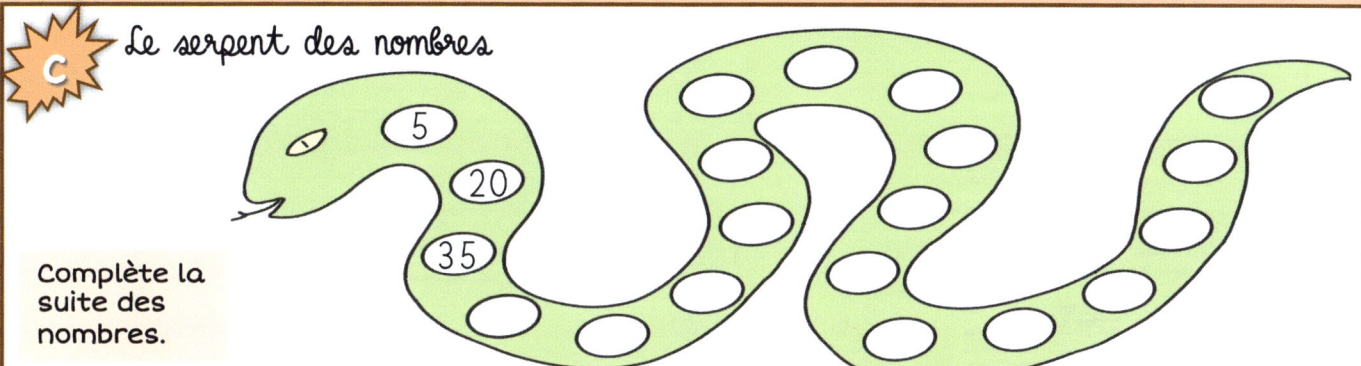

Complète la suite des nombres.

d. Les femelles

Ecris le nom des femelles des animaux suivants. (Tu peux faire des recherches).

coq	
chien	
cerf	
bouc	
cheval	

vache	
chat	
sanglier	
mouton	
canard	

Le Méli-Mélo
D'ACTIVITÉS AUTONOMES CE2

3

Présentation soin

Réussite

a. Transformation de phrases

Transforme ces phrases au pluriel. Les mots que tu dois changer sont soulignés.

Le chat rentre dans sa maison car il a faim.

La chienne aboie après le passant.

b. La frise

Continue les tracés et colorie les frises comme tu le souhaites au crayon de couleur.

c. Des additions dans tous les sens

Additionne les nombres en ligne et en colonne en suivant les flèches.

18	20	62
72	81	30

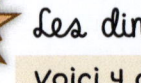

d. Les dinosaures

Voici 4 dinosaures bien connus. Indique, pour chacun son régime alimentaire : carnivore (il mange de la viande) ou végétarien (il mange des végétaux).

Nom du dinosaure	TYRANNOSAURE	VÉLOCIRAPTOR	TRICÉRATOPS	DIPLODOCUS
Son régime alimentaire				

Le Méli-Mélo
D'ACTIVITÉS AUTONOMES CE2

4

Présentation soin ○

Réussite ○

---

a) Le bon temps

Colorie le verbe au temps qui convient et écris *présent, passé* ou *futur* dans le cadre.

Hier, tu as vu un serpent et tu | as eu | as | auras | peur.   Temps :

Dans un an, elle | était | es | sera | plus grande.   Temps :

En ce moment, je | lisais | lis | lirai | un roman.   Temps :

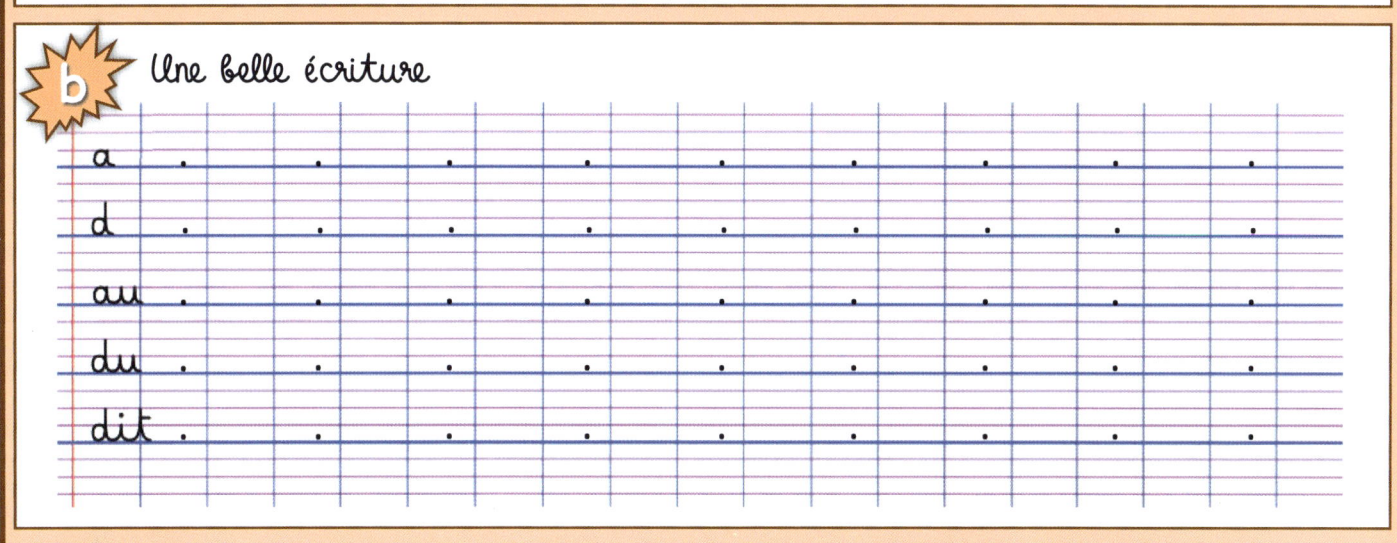

---

b) Une belle écriture

a .
d .
au .
du .
dit .

---

c) Le compte est bon

Utilise les 4 nombres de la seconde ligne pour trouver le nombre du dessus. Fais 3 calculs (addition ou soustraction) que tu écriras en dessous.

12
2	5	9	10

52
1	2	5	50

25
1	5	6	25

1 ....
2 ....
3 ....

---

d) Là où j'habite

J'habite dans : une grande ville – une petite ville – un grand village – un petit village

J'habite : au bord de la mer – en campagne – en ville – en montagne - autre

Ma commune s'appelle : ....

Ses habitants s'appellent : ....

Nombre d'habitants de ma commune : ....

@La Trousse de Sobelle

Le Méli-Mélo
D'ACTIVITÉS AUTONOMES CE2

Présentation soin

Réussite

a. Le Boggle

Trouve des mots de 2 à 6 lettres dans la grille suivante.

Ensuite, compte tes points.

B	G	L	E
M	O	U	T
P	R	J	S
T	A	I	E

Mots trouvés	Nombre de lettres	Points
	Total	

2 lettres : 1 point
3 lettres : 2 points
4 lettres : 3 points
5 lettres et + : 4 points

b. Un problème, une solution !

Colorie, au crayon de couleur, la bonne réponse à la situation problème énoncée.

Mathilde veut acheter un nouvel ordinateur. Dans le magasin, il y en a 4 qui lui plaisent. Elle veut le moins cher. Lequel prendra-t-elle ?

599 €	629 €	519 €	619 €

Théo habite dans un petit village. Son nombre d'habitants ne dépasse pas 300. A Dausse, il y a 429 habitants, à Coulobres il y en a 266 et à Arcins, 371. Quel est son village ?

Dausse — Coulobres — Arcins

c. Les carrés magiques

Complète ces carrés magiques pour que la somme de toutes les lignes, soit égale à **18**.

		7
4	9	
	10	

10	2	
		4
	3	

d. Le temps qui passe

Un jour	.... heures
Une semaine	.... jours
Un mois	.... ou .... jours (février) .... ou .... jours
Un trimestre	.... mois

Un semestre	.... mois
Une année	.... mois .... ou .... jours
Un siècle	.... ans
Un millénaire	.... siècles

6 — Le Méli-Mélo
D'ACTIVITÉS AUTONOMES CE2

Présentation soin

Réussite

a) Lecture-enquête

Eloïse et Théo s'assirent dans leur siège à côté de leur maman. Ils attachèrent leur ceinture de sécurité. On annonça qu'ils allaient bientôt décoller. La petite fille avait hâte d'arriver sur leur lieu de vacances où ils resteraient 2 mois !

Où sont Eloïse, Théo et sa maman ? ....

Qui fait l'annonce ? ....

Qui a hâte d'arriver ? ....

De quelles vacances s'agit-il ? ....

b) Les pyramides

Complète les cases vides avec la somme des deux cases de la ligne inférieure.

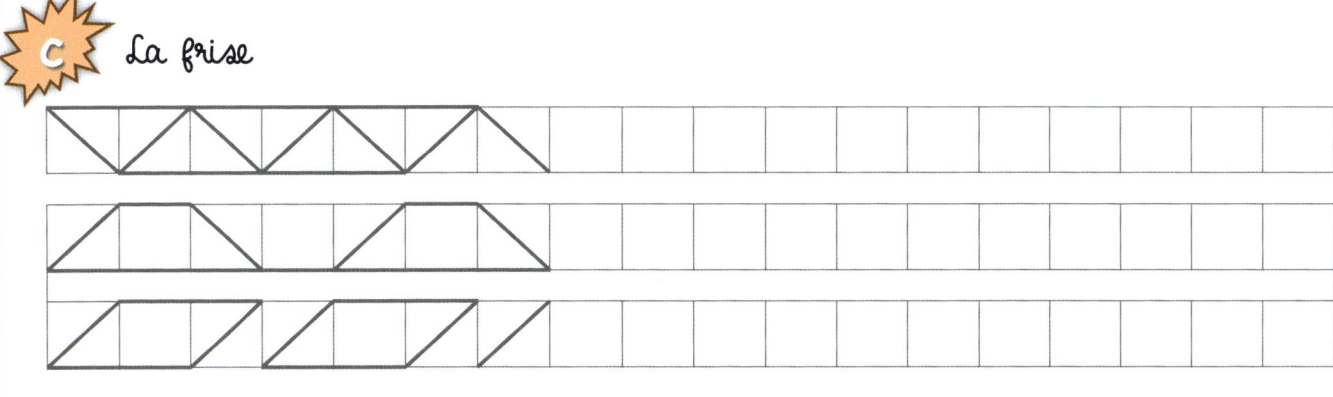

c) La frise

d) Les nombres en anglais (the numbers)

Relie les nombres écrits en chiffres et en lettres.

| 1 | 2 | 3 | 4 | 5 | 6 | 7 | 8 | 9 | 10 |

three — one — four — six — two — five — nine — ten — seven — eight

@La Trousse de Sobelle

Le Méli-Mélo
D'ACTIVITÉS AUTONOMES CE2

7

Présentation soin ○

Réussite ○

---

a Les verbes cachés

Trouve 5 verbes conjugués au présent dans cette grille. Ecris ensuite leur infinitif comme l'exemple.

	Verbe trouvé	infinitif
1	Je suis	être
2	tu	
3	nous	
4	ils	
5	ils	

R	A	~~S~~	~~U~~	~~I~~	~~S~~
T	V	W	Y	B	A
Z	A	V	O	N	S
O	S	U	I	K	O
G	D	J	H	A	N
D	I	S	E	N	T

---

b Une belle écriture

q
o
qu
ou
qui
quoi

---

c La ruche des nombres

Les abeilles doivent avancer toujours vers un nombre plus GRAND pour sortir de la ruche. Colorie les cases au crayon de couleur.

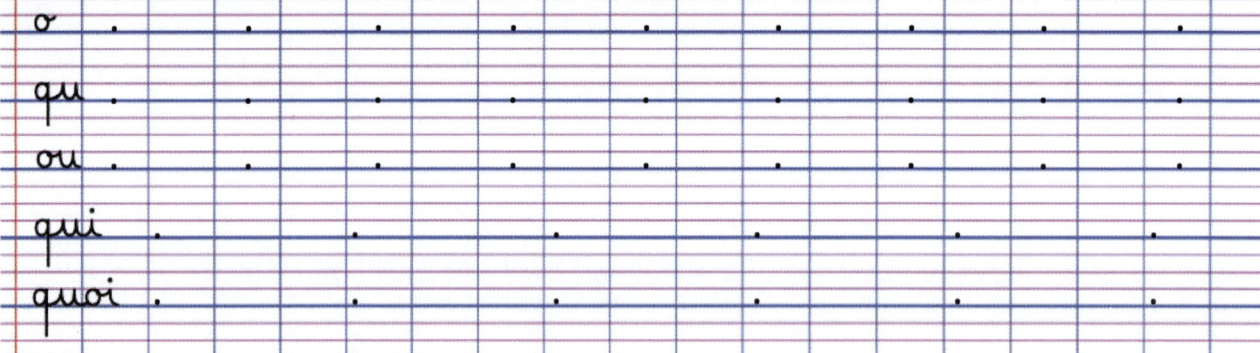

---

d Les règles de vie

Liste 4 règles de vie que tu penses être importantes à respecter dans une classe pour que l'on puisse bien travailler.

1. ....
2. ....
3. ....
4. ....

@La Trousse de Sobelle

Le Méli-Mélo
D'ACTIVITÉS AUTONOMES CE2

Présentation soin

Réussite

---

a. Transformation de phrases

Transforme ces phrases au pluriel. Les mots que tu dois changer sont soulignés.

La maîtresse est dans la cour avec un parent.

L'élève s'amuse pendant que la maîtresse surveille la récréation.

---

b. Quel bazar !

Les phrases sont toutes mélangées. Numérote-les pour les remettre en ordre.

	Elles consomment du carburant et des produits chimiques.
	La mairie de Paris teste une technique de tonte en recourant à des moutons.
	Ces animaux vont brouter l'herbe pour entretenir les espaces naturels.
1	L'entretien des espaces verts nécessite des machines bruyantes.
	On a choisi le mouton car il est propre (il ne fait pas trop de crottes et elles ne sentent pas mauvais !)
	Ces produits ont le lourd inconvénient de polluer le sol et de coûter cher.

---

c. Des additions dans tous les sens

64	26	51
27	54	33
13	70	19

---

d. Là où j'habite

Mon pays s'appelle : ....

La capitale de mon pays est : ....

Le continent sur lequel se trouve mon pays est : ....

La mer qui borde le sud de mon pays s'appelle ....

L'océan qui borde l'ouest de mon pays s'appelle : ....

Le Méli-Mélo
D'ACTIVITÉS AUTONOMES CE2

9

Présentation soin ◯
Réussite ◯

---

a. Le p'tit bac

Trouve un mot de chaque catégorie commençant par la lettre indiquée.

Lettre	prénom	fruit, légume, fleur	animal	objet	points
A					
B					
C					

---

b. Les mots échappés

Remets le numéro des mots échappés à leur place.

1. experts   2. vitesse   3. années   4. assiettes   5. méduse   6. gélatineux

Quand on entend le mot «......», en général, on crie et on nage à toute .... Pourtant, tout cela pourrait bien changer d'ici quelques .... Certains ...... suggèrent que ces êtres ...... arrivent bientôt dans nos ...... pour être mangés ! Es-tu prêt à tenter l'expérience ?

---

c. Un problème ? Une solution !

Colorie, au crayon de couleur, la bonne réponse à la situation problème énoncée.

Dans la famille de Luche, Zoé mesure 135 cm, Celia 128 cm et Tom 146 cm. Quel enfant est le plus grand ?			Voici la longueur des fleuves de France : la Garonne 575 km, le Rhône 812 km, la Seine 776 km. Lequel est le plus long ?			Une poire pèse 213 g, un melon 545 g et un ananas 536 g. Quel est le plus lourd ?		
Zoé	Célia	Tom	La Garonne	Le Rhône	La Seine	Le melon	L'ananas	La poire

---

d. Les fleuves de France

Ecris le NOM et la LONGUEUR des fleuves de France.

Si tu ne les connais pas, tu peux faire des recherches.

1. Nom : ....
   Longueur : ....
2. Nom : ....
   Longueur : ....
3. Nom : ....
   Longueur : ....
4. Nom : ....
   Longueur : ....
5. Nom : ....
   Longueur : ....

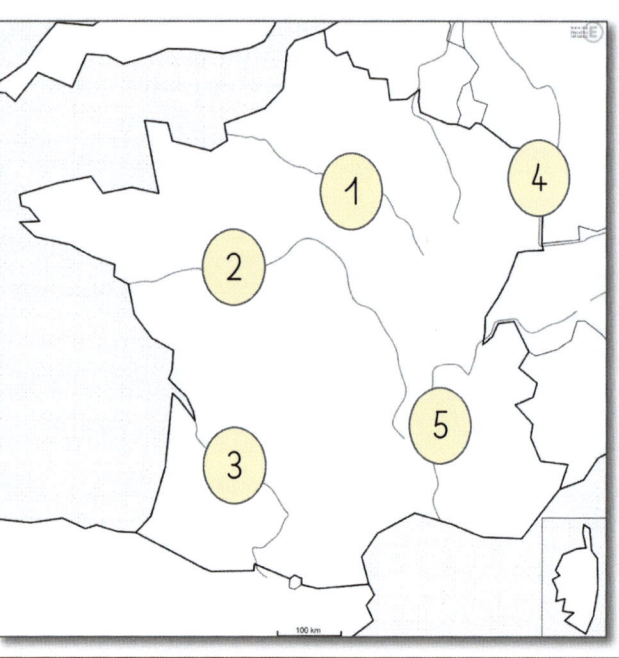

Le Méli-Mélo
D'ACTIVITÉS AUTONOMES CE2

Présentation soin

Réussite

a) Le Boggle

2 lettres : 1 point
3 lettres : 2 points
4 lettres : 3 points
5 lettres et + : 4 points

H	P	M	A
R	J	O	L
A	E	U	I
R	S	E	X

Mots trouvés	Nombre de lettres	Points
	Total	

b) Lecture-enquête

« Dépêchez-vous les enfants ! Nous sommes en retard ! Ah, ce réveil qui n'a pas sonné ! Le portail va fermer et la maîtresse ne sera pas contente ! »

Où vont ces personnes ? ....

Pourquoi sont-elles en retard ? ....

c) Le compte est bon

53			
2	8	9	50

1 ....
2 ....
3 ....

52			
4	7	9	50

1 ....
2 ....
3 ....

35			
1	7	9	50

1 ....
2 ....
3 ....

d) Vivant, non vivant

Ecris (V) pour ce qui est vivant et (NV) pour ce qui est non vivant.

Un être vivant :
- se développe (elle grandit),
- se nourrit (elle mange),
- respire,
- se reproduit (elle fait des bébés).

Ces 4 aspects doivent être réunis pour qu'un être soit vivant.

Ex : les êtres humains, les animaux, les végétaux...

une rose	
Un garagiste	
Un avion	
Une gomme	
Un nuage	
Un chat	

Un short	
Une pomme	
Un téléphone	
Une carotte	
Un chêne	
Une escalier	

@La Trousse de Sobelle

Le Méli-Mélo
D'ACTIVITÉS AUTONOMES CE2

11

Présentation soin

Réussite

a. Une belle écriture

e
c
ou
cet
que
couteau

b. La frise

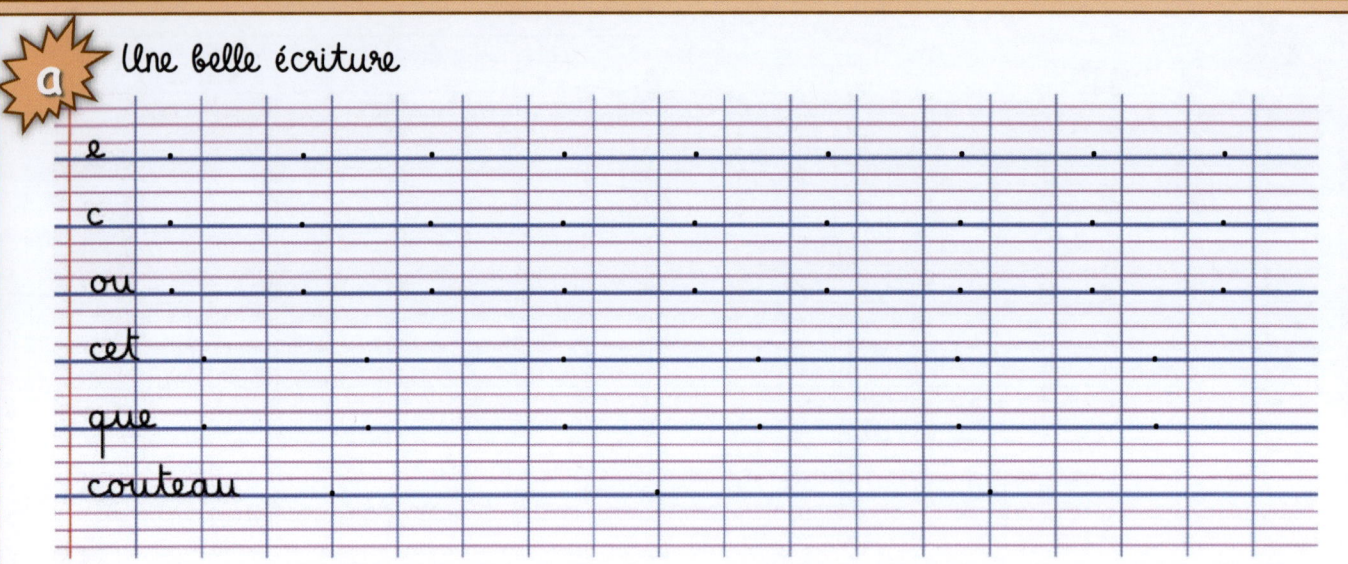

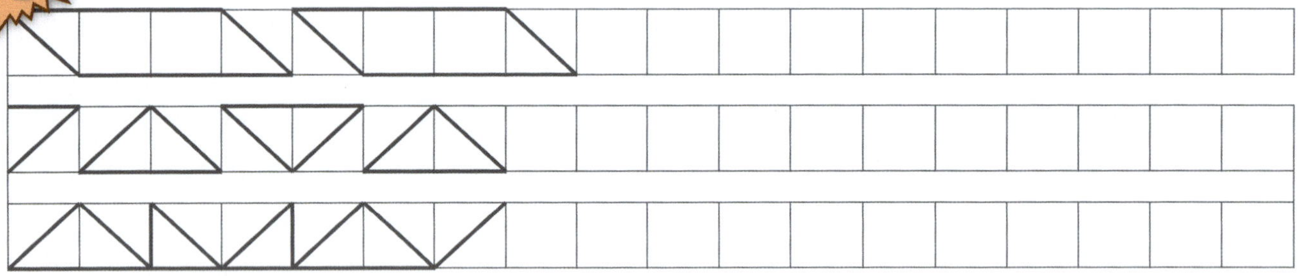

c. Le nombre mystérieux

80 − 60	20 + 70	80 + 20	30 + 10
10 + 50	30 − 20	50 + 20	30 + 50

Le nombre mystérieux est : _____

90	60	100
80	20	50
10	70	40

d. Les animaux domestiques (Pets)

Relie les dessins à leur nom anglais

a cat   a rabbit   a dog   a hamster   a fish   a bird

Le Méli-Mélo
D'ACTIVITÉS AUTONOMES CE2

Présentation, soin

Réussite

a. Le bon temps

Colorie le verbe au temps qui convient et écris *présent*, *passé* ou *futur* dans le cadre.

Le week-end prochain, | je vais | j'allais | j'irai | chez mamie.   Temps :

Le dimanche, les magasins | sont | étaient | seront | fermés.   Temps :

Quand on avait 6 ans, on | est | était | sera | au CP.   Temps :

b. Le serpent des nombres

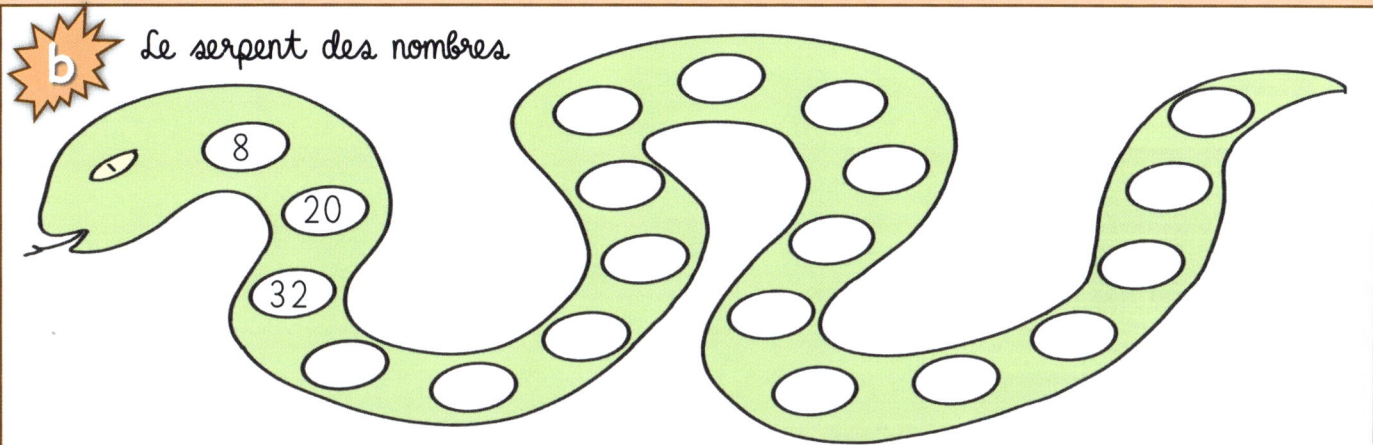

8, 20, 32

c. Un problème ! Une solution !

Lors d'une course à pied, il y a 134 coureurs devant Kylian, 66 sont derrière lui, 80 ont abandonné et 24 étaient inscrits mais ne sont pas venus.
Combien y avait-il de coureurs au départ avec Kylian ?

| 121 coureurs | 281 coureurs | 303 coureurs |

Pour partir en vacances les parents de Romane avaient prévu 1000 €. Ils ont payé 318 € pour le voyage en avion et 432 € pour la nourriture.
Combien ont-ils dépensé pendant leurs vacances ?

| 250 € | 1750 € | 750 € |

d. Les bébés animaux

Trouve le nom des bébés des animaux suivants. (Tu peux faire des recherches.)

poule	
chien	
cerf	
bouc	
cheval	

vache	
chat	
sanglier	
mouton	
canard	

@La Trousse de Sobelle

Le Méli-Mélo
D'ACTIVITÉS AUTONOMES CE2

13

Présentation soin ○

Réussite ○

---

a) Les mots croisés

Trouve les mots sur le thème des objets de classe

1) Elle sert à effacer ce que l'on écrit au crayon gris.
2) Elle sert à tirer des traits.
3) Il sert à faire des cercles.
4) Il sert à mettre toutes les affaires à transporter.
5) Elle sert à tracer des angles droits.
6) On y range tout le matériel pour écrire.

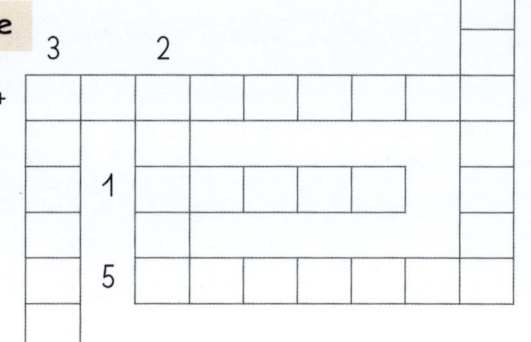

---

b) Les pluriels oubliés

Ajoute en rouge les 7 « s » là où ils ont été oubliés.

Début 2013, 27 kg de corne de rhinocéros ont été trouvés par la police en Thaïlande et au Vietnam. Ces corne proviennent du braconnage d'animaux sauvage . Cela consiste à chasser et à tuer de manière illégale. Les chasseur n'ont généralement pas de permis de chasse. Les rhinocéros et les éléphant d'Afrique sont les principale victime du braconnage.

---

c) Les pyramides

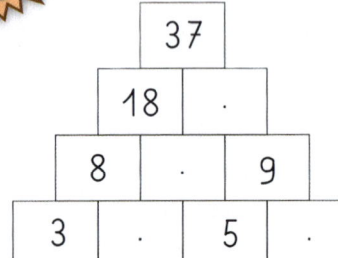

Pyramide 1 : 37 / 18, . / 8, ., 9 / 3, ., 5, .

Pyramide 2 : 69 / ., 30 / 20, 19, . / 10, ., ., 2

Pyramide 3 : 23 / 13, . / 9, ., 6 / ., 3, 1, .

---

d) L'école

**Ecris le nom de chaque école sur la ligne qui correspond.
Choisis dans la liste suivante :**

collège – école maternelle – université – lycée – école élémentaire

1. de 2 à 5 ans : ....

2. de 6 à 10 ans : ....

3. de 11 à 14 ans : ....

4. de 15 à 17 ans : ....

5. à partir de 18 ans : ....

@La Trousse de Sobelle

Le Méli-Mélo
D'ACTIVITÉS AUTONOMES CE2

 14

Présentation soin

Réussite

---

a. Le p'tit bac

Lettre	prénom	fruit, légume, fleur	animal	objet	points
D					
E					
F					
G					

---

b. Début et fin

Relie le début et la fin de chaque phrase.

La lapine de Léo ♦	♦	donnent des œufs délicieux !
Les chiens de mon papi ♦	♦	frotte ses oreilles contre ma joue pour me faire des câlins.
Le chat de tata ♦	♦	est rigolote car elle me lèche les doigts de pied !
Les poules du voisin ♦	♦	sont très impressionnants mais si gentils !

---

c. La ruche des nombres

62	115	90	176	216	201	297	298
101	124	165	144	252	198	221	334
Départ 110	115	111	102	260	187	200	342
102	103	132	159	274	292	355	arrivée 359

---

d. Mers, océan, villes de France

Ecris le nom des 2 mers et de l'océan qui bordent la France.

1. Nom : ....

2. Nom : ....

3. Nom : ....

Ecris les villes suivantes à côtés des gros points :

Paris, Marseille et Lyon.

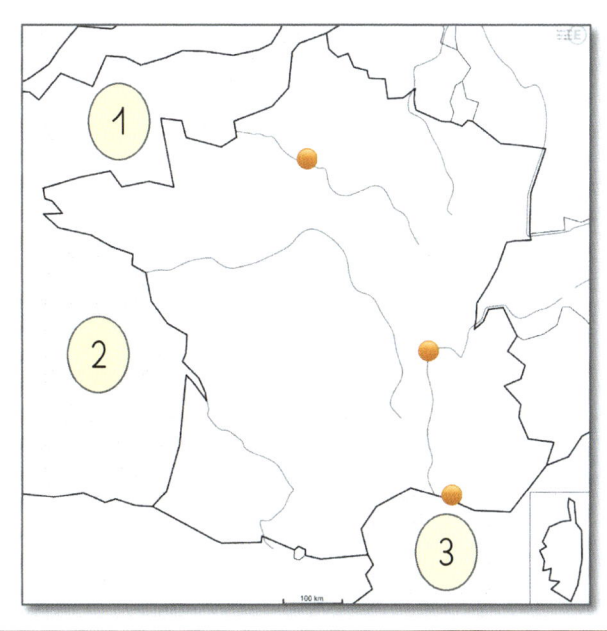

Le Méli-Mélo
D'ACTIVITÉS AUTONOMES CE2

15

Présentation soin
Réussite

a. Les verbes cachés

	Verbe trouvé	infinitif
1	je	
2	tu	
3	il	
4	nous	
5	elles	

Z	R	F	A	T	O
S	A	I	S	I	S
E	V	N	U	O	C
D	A	I	F	M	I
O	N	T	L	W	E
P	O	S	O	N	S

b. La frise

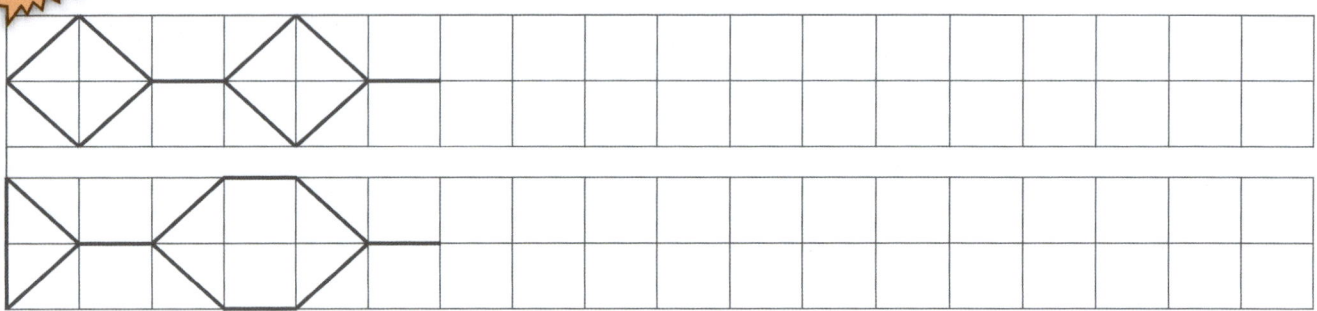

c. Le compte est bon

26			
2	3	5	20

1 ....
2 ....
3 ....

39			
1	4	8	50

1 ....
2 ....
3 ....

29			
1	2	3	25

1 ....
2 ....
3 ....

d. Les chiffres romains

Ecris ces nombres en chiffres romains.
Aide-toi du tableau ci-contre.

15	27	34	42	58	61	76	83

1	I	7	VII
2	II	8	VIII
3	III	9	IX
4	IV	10	X
5	V	40	XL
6	VI	50	L

Le Méli-Mélo
D'ACTIVITÉS AUTONOMES CE2

16

Présentation, soin

Réussite

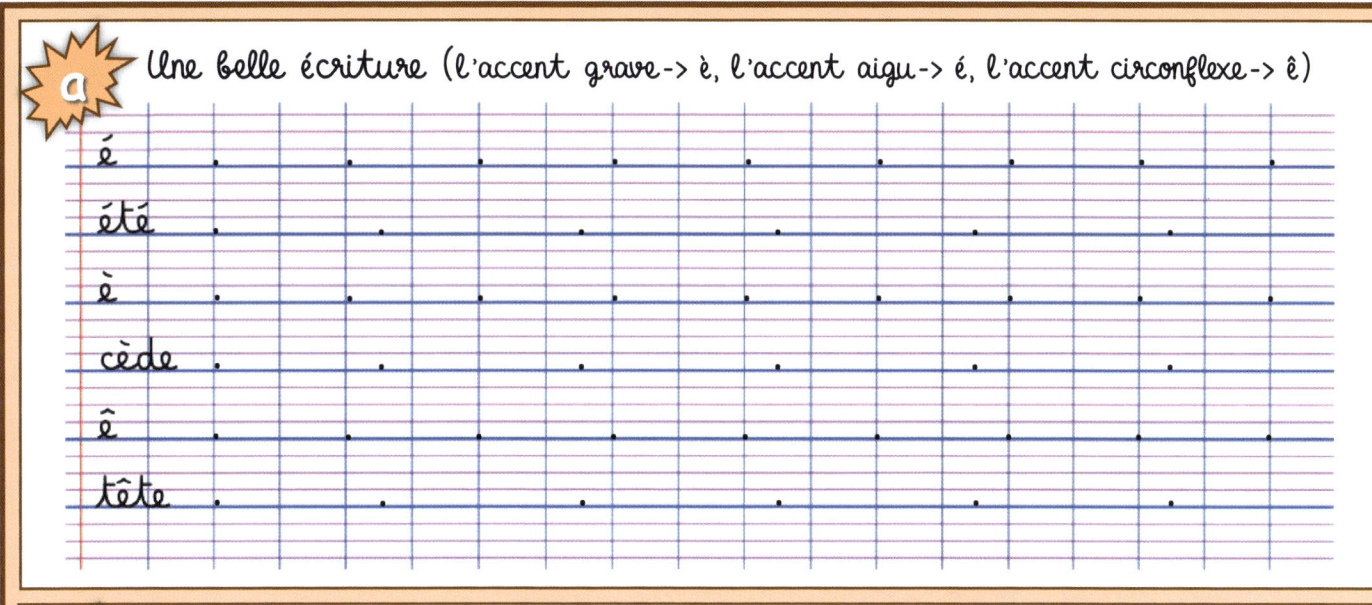

---

a Une belle écriture (l'accent grave -> è, l'accent aigu -> é, l'accent circonflexe -> ê)

é
été
è
cède
ê
tête

---

b Des additions dans tous les sens

79	51	30
61	40	58
10	33	37

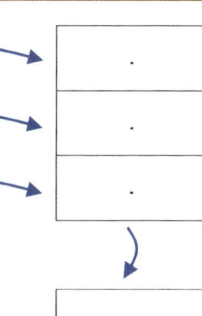

---

c Un problème ! Une solution !

Entoure l'opération que tu ferais pour résoudre ce problème.

Ariane et sa maman vont dans le tramway.
Quand elles montent, il y a déjà 25 personnes.
Au premier arrêt, 8 personnes descendent.
Combien y a-t-il de personnes à présent dans le tramway ?

| 25 + 2 + 8 | 25 + 2 - 8 | 25 - 8 |

Marie mesure 1 m 50.
Elle est plus grande que son frère de 10 cm.
Quelle est la taille de son frère ?

| 150 + 10 | 150 - 10 |

---

d Le temps qu'il fait (the weather)

Relie le temps avec sa traduction en anglais.

It's sunny — It's stormy — It's rainy — It's cold — It's hot — It's cloudy

@La Trousse de Sobelle

Le Méli-Mélo
D'ACTIVITÉS AUTONOMES CE2

Présentation soin

Réussite

a. Le Boggle

2 lettres : 1 point
3 lettres : 2 points
4 lettres : 3 points
5 lettres et + : 4 points

T	O	N	S
I	R	A	E
R	E	Z	I
V	C	R	A

Mots trouvés	Nombre de lettres	Points
	Total	

b. Le serpent des nombres

(6, 17, 28, ...)

c. Le nombre mystérieux

3 x 3	4 x 5	6 x 2	4 x 4
5 x 6	3 x 7	4 x 6	6 x 3

Le nombre mystérieux est : _____

15	24	21
12	18	16
30	9	20

d. Les dangers de la route

Vrai ou faux ?

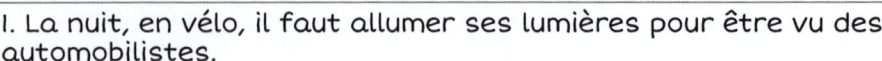

1. La nuit, en vélo, il faut allumer ses lumières pour être vu des automobilistes.	
2. Avant de traverser, il faut regarder d'un seul côté de la route.	
3. Si tu ne tiens pas le guidon en vélo, tu peux quand même t'arrêter avec tes pieds, c'est suffisant.	
4. Les feux tricolores doivent aussi être respectés par les deux roues.	
5. Pour traverser tu dois attendre que le feu soit vert.	

Le Méli-Mélo
D'ACTIVITÉS AUTONOMES CE2

18

Présentation soin ○

Réussite ○

---

a) Les mots croisés

Trouve les mots sur le thème des animaux.

1) C'est un petit félin domestique.
2) C'est elle qui donne le lait qu'on boit.
3) On peut monter dessus pour se promener.
4) C'est le plus fidèle ami de l'homme.
5) C'est le roi des animaux.
6) Il est gris et il a une grande trompe.
7) Il est palmé et fait coin-coin.

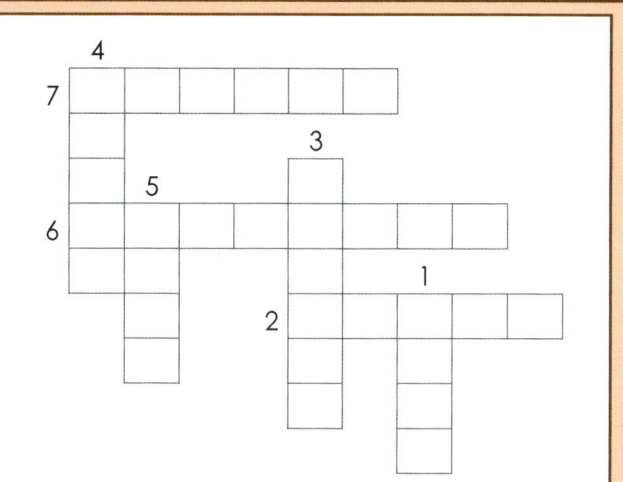

---

b) Les carrés magiques

Complète ces carrés magiques pour que la somme de toutes les lignes, soit égale à **38**.

	11	16	
13	14		
	3		10
15	12	6	

		7	13
15		10	8
12	6		
	11		14

---

c) La ruche des nombres

Les abeilles doivent avancer toujours vers un nombre plus <u>PETIT</u> pour sortir de la ruche.
Colorie les cases au crayon de couleur.

632 – 625 – 590 – 576 – 645 – 271 – 295 – 299
651 – 654 – 595 – 534 – 952 – 294 – 261 – 334
Départ **670** – 685 – 811 – 502 – 640 – 387 – 600 – 218
692 – 703 – 582 – 459 – 424 – 552 – 355 – arrivée **205**

---

d) Les siècles

Ecris à quel siècle appartient chacune des dates suivantes comme l'exemple.

Date et événement	Appartient au siècle :	
	en chiffre arabes	en chiffres romains
481 : Clovis devient roi	5ème	Vème
789 : Charlemagne ouvre des écoles		
1331 : Début de a guerre de Cent ans		
1789 : Début de la Révolution française		

Le **1er siècle** commence avec la naissance de Jésus-Christ en l'an 1 et se termine en l'an 100.
Le **2ème siècle** commence en l'an 101 et se termine en l'an 200.

Il faut donc prendre le nombre de **centaines** et **ajouter 1** pour trouver le siècle auquel appartient une date.
1481 -> **15**ème siècle.

@La Trousse de Sobelle

Le Méli-Mélo
D'ACTIVITÉS AUTONOMES CE2

19

Présentation soin

Réussite

a. Le p'tit bac

Lettre	prénom	fruit, légume, fleur	animal	objet	points
H					
I					
J					
K					
L					
M					

b. Quel bazar !

	Ils la conservaient dans des réservoirs souterrains bien fermés : les glacières.
	Il y en a une très grande au château de Versailles.
1	Les réfrigérateurs ont été inventés en 1850.
	Elle permettait à Louis XIV et à sa cour de consommer des glaces pendant l'été.
	Avant cette date, les hommes prenaient de la glace naturelle durant l'hiver.
	Aujourd'hui, on trouve encore des traces de quelques glacières.

c. Un problème ! Une solution !

Margot a 305 euros d'économie.
Elle a 98 € de plus que son frère et 101 euros de moins de sa grande sœur.
Quelle somme possède son frère ?

305 - 98	305 - 101	305 + 98

Une salle de concert peut accueillir 2500 spectateurs.
Pour une comédie musicale, il y a eu 1904 personnes dont 239 enfants.
Combien y avait-il d'adultes ?

2500 - 1904	2500 - 1904 - 239	1904 - 239

d. Les oiseaux

Parmi tous ces animaux un seul n'est pas un oiseau. Colorie-le.

Le canard	L'hirondelle	L'autruche	La poule
Le colibri	Le manchot	La chauve-souris	Le flamant rose

Un oiseau est un animal recouvert de plumes, il a des ailes, un bec, des pattes avec de fines écailles et il pond des œufs.
Attention : un oiseau ne vole pas obligatoirement !

Le Méli-Mélo
D'ACTIVITÉS AUTONOMES CE2

Présentation soin

Réussite

a. Transformation de phrases

Transforme ces phrases au pluriel. Attention ! Tous les mots que tu dois changer ne sont pas soulignés.

Le policier a un uniforme bleu et une veste verte.

La péniche se déplace lentement sur le canal paisible.

b. Début et fin

Louis ◆	◆	font de la gymnastique rythmique et sportive.
Mathieu et Jules ◆	◆	adore le foot comme son père.
Eléana ◆	◆	se retrouvent entre garçons au judo le jeudi soir.
Océane et Léonie ◆	◆	fait un chignon pour aller à la danse.

c. Le compte est bon

(additions, soustractions, multiplications)

16
5	7	8	10

1 ....
2 ....
3 ....

18
1	6	9	20

1 ....
2 ....
3 ....

16
4	7	9	10

1 ....
2 ....
3 ....

d. Les jours de la semaine (the days)

Retrouve les jours de la semaine dans la grille et complète avec une lettre par tiret.

Lundi : M _ _ _ _ _ _
Mardi : T _ _ _ _ _ _ _
Mercredi : W _ _ _ _ _ _ _ _
Jeudi : T _ _ _ _ _ _ _ _   Samedi : S _ _ _ _ _ _ _
Vendredi : F _ _ _ _ _ _   Dimanche : S _ _ _ _ _ _

A	F	W	B	T	O	J	U	S	M	A
D	E	T	H	U	R	S	D	A	Y	V
P	I	L	T	E	M	P	R	T	O	Z
Z	C	I	G	S	W	O	Z	U	H	I
O	B	F	I	D	B	I	N	R	E	S
V	E	R	S	A	S	U	N	D	A	Y
A	R	I	F	Y	C	E	T	A	A	K
W	E	D	N	E	S	D	A	Y	L	Y
I	R	A	I	D	O	F	X	E	C	P
Z	T	Y	S	B	N	Q	I	D	W	A

@La Trousse de Sobelle

Le Méli-Mélo
D'ACTIVITÉS AUTONOMES CE2

21

Présentation soin ○

Réussite ○

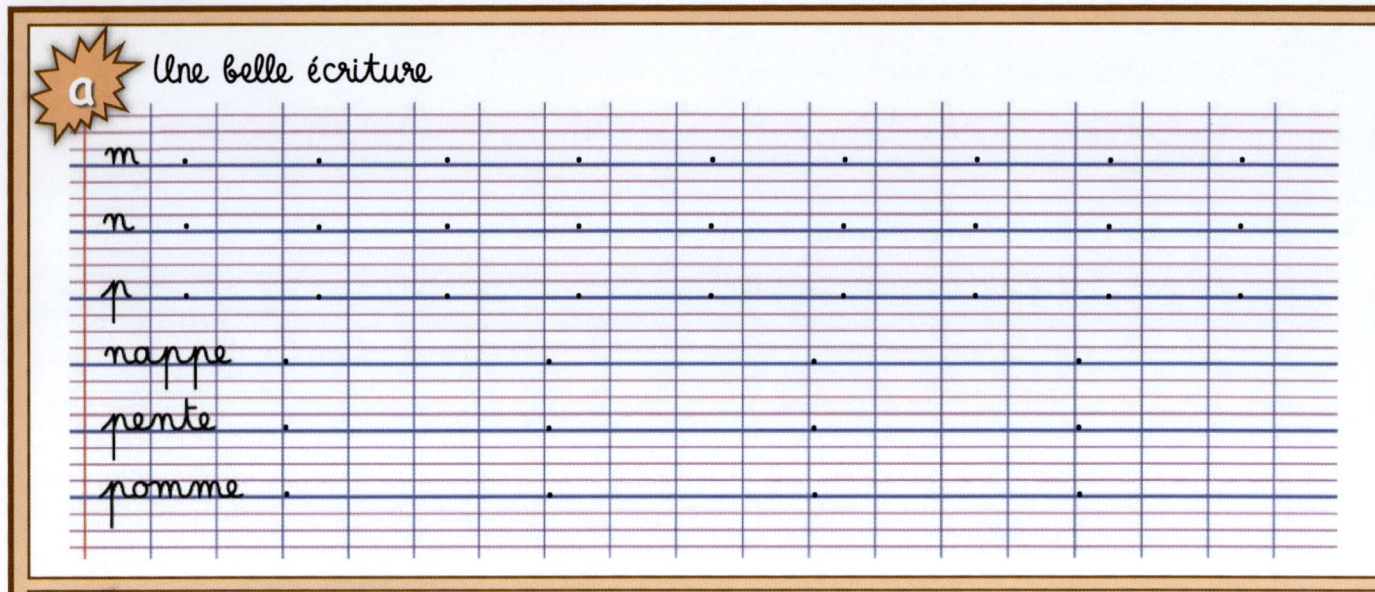

a. Une belle écriture

m
n
↑
nappe
pente
pomme

b. Les mots échappés

Remets le numéro des mots échappés à leur place.

1. chocolat   2. découverte   3. participants   4. orange   5. boisson   6. goût   7. tasses

La ...... de la tasse va influencer ton ...... ! Pour parvenir à cette découverte l'équipe de chercheurs a fait goûter du ...... chaud à cinquante-sept volontaires dans des ...... de quatre couleurs différentes : rouge, blanche, orange et crème. La ...... chaude était la même dans toutes les tasses. Pourtant, les ...... ont jugé que le chocolat avait meilleur goût quand il se trouvait dans une tasse ...... ou crème.

c. Des additions dans tous les sens

110	32	180
45	230	25
15	68	75

d. Les chiffres romains

Ecris ces nombres en chiffres romains. Aide-toi du tableau ci-contre.

124	253	531	670	802	1031	2022

1	I
2	II
3	III
4	IV
5	V
6	VI
7	VII
8	VIII

9	IX
10	X
40	XL
50	L
100	C
500	D
1000	M

@La Trousse de Sobelle

Le Méli-Mélo
D'ACTIVITÉS AUTONOMES CE2

 22

Présentation soin

Réussite

---

a) Le Boggle

2 lettres : 1 point
3 lettres : 2 points
4 lettres : 3 points
5 lettres et + : 4 points

G	R	I	O
I	U	S	R
A	S	E	A
R	E	P	S

Mots trouvés	Nombre de lettres	Points
	Total	

---

b) Lecture-enquête

La maman d'Estelle lui demande d'aller chercher du beurre et du fromage qu'elle a oubliés. Pendant ce temps elle continue de faire ses courses. Le magasin est très grand et il faut beaucoup marcher pour aller d'un rayon à l'autre. Estelle a hâte de retourner à la voiture pour pouvoir enfin s'asseoir !

Où sont ces personnes ? ....

Pourquoi Estelle veut-elle s'asseoir ? ....

---

c) Le serpent des nombres

4, 13, 22...

---

d) Bien vivre au quotidien

Ecris les lettres correspondant aux actions qui ne respectent pas les valeurs suivantes : a) partage, b) l'entraide, c) politesse et d) hygiène.

Pour se servir les pâtes, Léo se sert dans le plat avec les mains.	
Sam marche à côté de sa maman qui porte toutes les courses en sortant du supermarché.	

Lucas tire la langue aux personnes âgées qui se promènent dans le parc.	
Clem qui a un gros goûter ne veut pas en donner un petit peu à Sophie qui n'en a pas et n'a pas déjeuné le matin.	

Le Méli-Mélo
D'ACTIVITÉS AUTONOMES CE2

23

Présentation soin

Réussite

a) Les mots croisés

Trouve les mots sur le thème des VÊTEMENTS

1) C'est un bas qui est portée par les filles et par les garçons.
2) On le met pour se couvrir et pour sortir en hiver.
3) C'est un bas que les filles portent avec un tee-shirt.
4) C'est comme un collant mais sans pieds et assez épais.
5) C'est une seule pièce plus ou moins courte, qui va des épaules aux jambes.
6) On les met sur les mains en hiver.
7) C'est un haut avec des boutons au milieu.

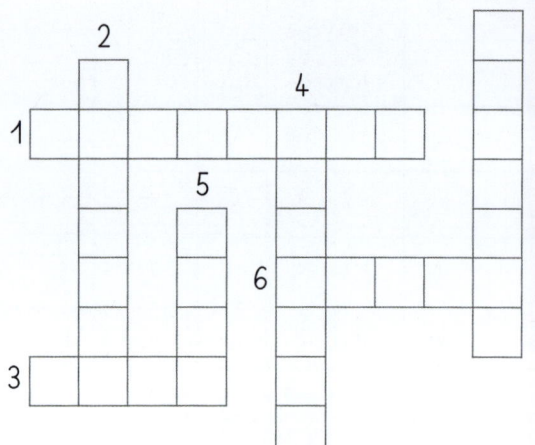

b) La frise

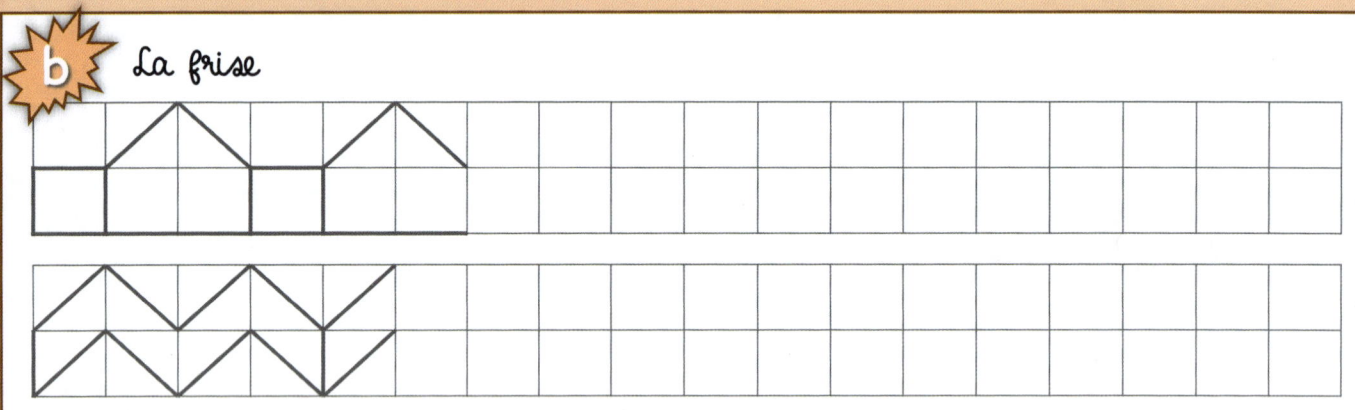

c) Les pyramides

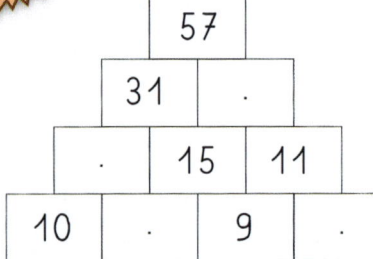
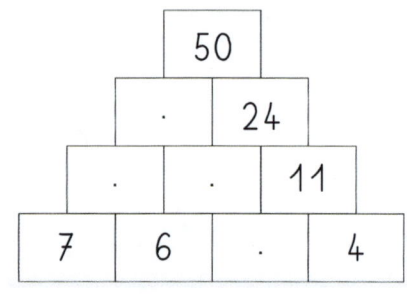

d) Les arbres

Relie les saisons et ce qui se passe sur les arbres.

À l'automne,	◆ ◆	Les températures augmentent. Sur les arbres, les bourgeons s'ouvrent.
En hiver,	◆ ◆	Les fruits murissent et les arbres sont très verts et très feuillus.
Au printemps,	◆ ◆	Les bourgeons résistent au froid car ils sont protégés par leurs écailles.
En été,	◆ ◆	les feuilles tombent. Les arbres ont déjà des bourgeons.

@La Trousse de Sobelle

Le Méli-Mélo
D'ACTIVITÉS AUTONOMES CE2

Présentation soin

Réussite

a) Les verbes cachés

Trouve 5 verbes conjugués au présent dans cette grille. Ecris ensuite leur infinitif.

	Verbe trouvé	infinitif
1	je	
2	tu	
3	elle	
4	vous	
5	ils	

R	E	G	F	O	D
A	C	J	U	L	I
T	O	M	I	X	N
E	T	E	S	V	U
N	I	T	E	N	D
T	A	S	H	U	P

a) Une belle écriture

le
ho
ba
ki
kilo
habit

c) Le nombre mystérieux

2 x 7	3 x 4	5 x 3	4 x 7
3 x 3	5 x 8	4 x 8	2 x 9

Le nombre mystérieux est : _____

12	15	9
14	28	40
18	36	21

d) La planète Terre

Devinette : colorie la bonne réponse.

je suis une petite étendue d'eau salée autour d'un continent.	une mer	un océan
je suis la représentation de la Terre sous forme de boule.	un planisphère	un globe
Je suis le plus grand océan du monde.	Pacifique	Atlantique
Je suis un continent fait que de glace.	Afrique	Antarctique

Le Méli-Mélo
D'ACTIVITÉS AUTONOMES CE2

25

Présentation soin ○

Réussite ○

---

a. Transformation de phrases

Transforme ces phrases au pluriel. Attention ! Tous les mots que tu dois changer ne sont pas soulignés.

Le corail dans la mer est très beau.

L'écureuil est un petit animal matinal.

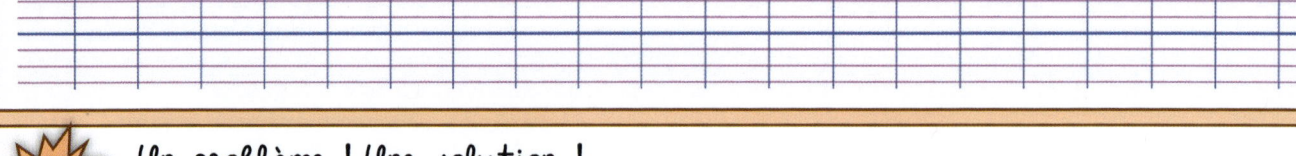

b. Un problème ! Une solution !

Ecris le calcul et la réponse qui répond à la question posée.

Solal achète un pain au chocolat 1€20. Il paie avec un billet de 5 €. Combien le boulanger lui rend-il ?	calcul
réponse	

Emma achète une bouteille de jus d'orange à 3€10 et un lot de 4 pommes à 4€35. Combien doit-elle payer ?	calcul
réponse	

---

c. Les carrés magiques

Complète ces carrés magiques pour que la somme de toutes les lignes, soit égale à **34** pour le premier et **38** pour le second.

1		6	
14	4	9	
	5		2
8			13

		8	15
	7		5
11	4		6
9		3	

---

d. La frise chronologique

Complète la frise :

- <u>Colorie</u> au crayon de couleur La préhistoire en orange, l'Antiquité en jaune, le Moyen-âge en vert, les Temps modernes en rouge et la période contemporaine en bleu.
- <u>Ecris</u> au bon endroit : Révolution français (1789), Charlemagne empereur (800)

Préhistoire	Antiquité	Moyen-Age	Temps modernes	Epoque contemporaine
	476 Chute de l'empire Romain	800	1492 Découverte de l'Amérique	1789

@La Trousse de Sobelle

Le Méli-Mélo

D'ACTIVITÉS AUTONOMES CE2

CORRECTIONS

Le Méli-Mélo
D'ACTIVITÉS AUTONOMES CE2

CORRECTION

FICHE 1

a

52	32	35
31	50	38
23	42	67

(32 surligné)

b black, red, grey, blue, yellow, green

FICHE 2

a Où peux-tu entendre ce message ? Sur un répondeur de téléphone.
Que doit-on faire pour que Lucie rappelle ? On doit laisser le message et nos coordonnées.

b

	S	A	M	U	S	E	R
F	U			A		I	
E	D	R		U		R	
T		A	F	T		E	
E		N		E			
R			S	R	R		
	J	O	U	E	R		
C	H	A	N	T	E	R	

c

5	20	35	50	65	80	95
110	125	140	155	170	185	200
215	230	245	260	275	290	

d

coq	poule
chien	chienne
cerf	biche
bouc	chèvre
cheval	jument

vache	bœuf - taureau
chat	chatte
sanglier	laie
mouton	brebis
canard	cane

FICHE 3

a Les chats rentrent dans leur maison car ils ont faim.
Les chiennent aboient après les passants.

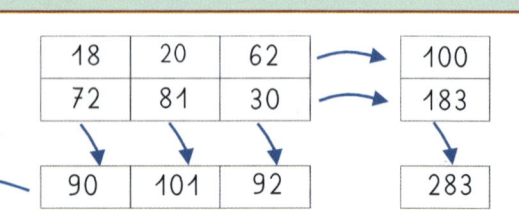

c

| 18 | 20 | 62 | → | 100 |
| 72 | 81 | 30 | → | 183 |

| 283 | ← | 90 | 101 | 92 | | 283 |

d

Nom du dinosaure	TYRANNOSAURE	VÉLOCIRAPTOR	TRICÉRATOPS	DIPLODOCUS
régime alimentaire	carnivore	carnivore	végétarien	végétarien

FICHE 4

a Hier, tu as vu un serpent et tu **as eu** / as / auras peur. — Temps : passé

Dans un an, elle était / es / **sera** plus grande. — Temps : futur

En ce moment, je lisais / **lis** / lirai un roman. — Temps : présent

c

1	2+5=7
2	10-7=3
3	3+9=12

1	5-2=3
2	50-1=49
3	3+49=52

1	1+5=6
2	6+25=31
3	31-6=25

Le Méli-Mélo
D'ACTIVITÉS AUTONOMES CE2

CORRECTION

FICHE 5

a MOTS POSSIBLES

jour, je, jus, juste, goût, goûté, roue, route, roule, boule, boulet, boulets, poule, poulet, poulets, pour, rue, glue, aie, taie, raie, par, ris, pris, prie, prise, par, part, mou, moule, mort, port, porta, portais

c

8	3	7
4	5	9
6	10	2

10	2	6
5	9	4
3	7	8

b | 599 € | 629 € | **519 €** | 619 € |

| Dausse | **Coulobres** | Arcins |

Un jour	24 heures
Une semaine	7 jours
Un mois	28 ou 29 jours (février) 30 ou 31 jours
Un trimestre	3 mois

Un semestre	6 mois
Une année	12 mois / 365 ou 366 jours
Un siècle	100 ans
Un millénaire	1000 siècles

FICHE 6

a
Où sont Eloïse, Théo et sa maman ?   dans un avion
Qui fait l'annonce ?   le pilote (le commandant de bord)
Qui a hâte d'arriver ?   Eloïse
De quelles vacances s'agit-il ?   des grandes vacances (ou vacances d'été)

b

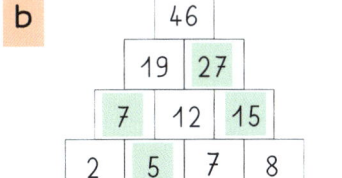 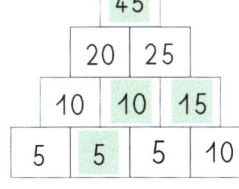 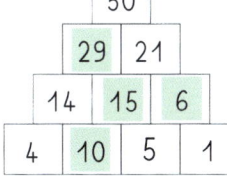

d

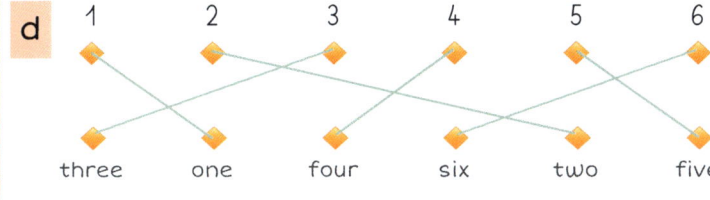

FICHE 7

a

	Verbe trouvé		infinitif
2	Tu	vas	aller
3	nous	avons	avoir
4	ils	disent	dire
5	ils	sont	être

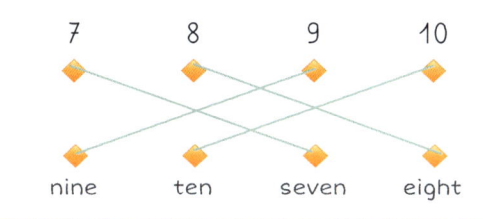

c

Le Méli-Mélo
D'ACTIVITÉS AUTONOMES CE2

CORRECTION

FICHE 8

a Les maîtresses sont dans la cour avec des parents.
les élèves s'amusent pendant que les maîtresses surveillent les récréations.

c

64	26	51	→	141
27	54	33	→	114
13	70	19	→	102

↓ ↓ ↓ ↓

347 ← | 104 | 140 | 103 | | 347 |

b

2	Elles consomment du carburant et des produits chimiques.
4	La mairie de Paris teste une technique de tonte en recourant à des moutons.
5	Ces animaux vont brouter l'herbe pour entretenir les espaces naturels.
1	L'entretien des espaces verts nécessite des machines bruyantes.
6	On a choisi le mouton car il est propre (il ne fait pas trop de crottes et elles ne sentent pas mauvais !)
3	Ces produits ont le lourd inconvénient de polluer le sol et de coûter cher.

FICHE 9

a

Lettre	prénom	fruit, légume, fleur	animal	objet
A	Alice, Aline, Anna Alexandre, Alex, Axel	ananas, artichaut, acacia	alligator, antilope	ampoule, antenne
B	Beatrice, Brigitte, Benjamin, Bernard	banane, bégonia	biche, bison, bouc	bague, bougie, bol
C	Christine, Célia, Coline Charles, Christophe	citron, cerise, chou, carotte	chien, chat, cheval, canard	carafe, cahier, cartable, coussin

b Quand on entend le mot «. 5. », en général, on crie et on nage à toute 2. Pourtant, tout cela pourrait bien changer d'ici quelques 3. . Certains .1. suggèrent que ces êtres .6. arrivent bientôt dans nos 4. pour être mangés ! Es-tu prêt à tenter l'expérience ?

c

| Zoé | Célia | **Tom** |

| La Garonne | **Le Rhône** | La Seine |

| **Le melon** | L'ananas | La poire |

d
1. Nom : La Seine — Longueur : 776 km
2. Nom : La Loire — Longueur : 1006 km
3. Nom : La Garonne — Longueur : 575 km
4. Nom : Le Rhin — Longueur : 1233 km
5. Nom : Le Rhône — Longueur : 812 km

FICHE 10

a MOTS POSSIBLES
joue, joues (joué), jouées, je, jus, jeux, joli, jolie, jolies, joie, joies, jars, mou, pou, poux, poli, polie, polies, poulie, poulies, rare, rares, rase, rasée, lu, lus, lue, lui, la, mal, phrase

b Où vont ces personnes ? à l'école
Pourquoi sont-elles en retard ? parce que le réveil n'a pas sonné.

c

1	50−8=42
2	42+2=44
3	44+9=53

1	50−9=41
2	41+7=48
3	48+4=52

1	50−7=43
2	43+1=44
3	44−9=35

d

une rose	V
Un garagiste	V
Un avion	NV
Une gomme	NV
Un nuage	NV
Un chat	V

Un short	NV
Une pomme	V
Un téléphone	NV
Une carotte	V
Un chêne	V
Une escalier	NV

Le Méli-Mélo
D'ACTIVITÉS AUTONOMES CE2

CORRECTION

FICHE 11

c Le nombre mystérieux est : 60

90	**60**	100
80	20	50
10	70	40

d Associations :
- lapin → a rabbit
- chien → a dog
- poisson → a fish
- chat → a cat
- oiseau → a bird
- hamster → a hamster

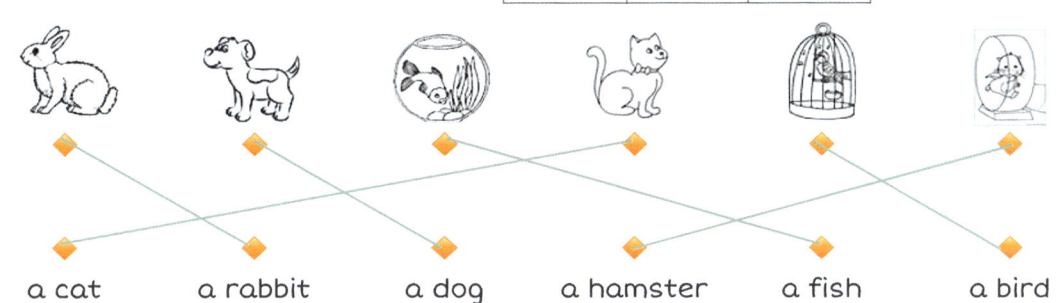

FICHE 12

a
- Le week-end prochain, **j'irai** chez mamie. — Temps : futur
- Le dimanche, les magasins **sont** fermés. — Temps : présent
- Quand on avait 6 ans, on **était** au CP. — Temps : passé

b

8	20	32	44	56	68	80
92	104	116	128	140	152	164
176	188	200	212	224	236	

c

121	**281**	303

250 €	1750 €	**750 €**

d

coq	poussin
chien	chiot
cerf	faon
bouc	chevreau
cheval	poulain

vache	veau
chat	chaton
sanglier	marcassin
mouton	agneau
canard	caneton

FICHE 13

a Mots croisés :
- 4. CARTABLE
- 1. GOMME
- 5. EQUERRE
- 3. COMPAS
- 2. ETUI
- 6. TROUSSE

b Début 2013, 27 kg de corne**s** de rhinocéros ont été trouvés par la police en Thaïlande et au Vietnam. Ces corne**s** proviennent du braconnage d'animaux sauvage**s**. Cela consiste à chasser et à tuer de manière illégale. Les chasseur**s** n'ont généralement pas de permis de chasse. Les rhinocéros et les éléphant**s** d'Afrique sont les principale**s** victime**s** du braconnage.

c Pyramides :

37 / 18, **19** / 8, **10**, 9 / 3, **5**, 5, 4

69 / **39**, 30 / 20, 19, **11** / 10, **10**, **9**, 2

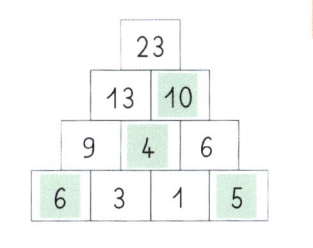

23 / 13, **10** / 9, **4**, 6 / 6, 3, 1, **5**

d
1. de 2 à 5 ans : école maternelle
2. de 6 à 10 ans : école élémentaire
3. de 11 à 14 ans : collège
4. de 15 à 17 ans : lycée
5. à partir de 18 ans : université

Le Méli-Mélo
D'ACTIVITÉS AUTONOMES CE2
CORRECTION

FICHE 14

a

Lettre	prénom	fruit, légume, fleur	animal	objet
D	Dalila, Dominique, Damien, David, Dimitri	datte, dahlia	dromadaire, dinde, dindon	drap, doudou
E	Estelle, Elisa, Éric, Enzo	endive, églantine	éléphant, écureuil	élastique, écharpe
F	Fanny, Fabienne, Florian, Frédéric	fraise, framboise, figue, fenouil, fève	faon, faucon, flamand rose	foulard
G	Gaëlle, Gabrielle, Guillaume, Gaétan	groseille, grenade, goyave	girafe, gazelle, goéland, guépard	gourde, gomme, gant

b
- La lapine de Léo → est rigolote car elle me lèche les doigts de pied !
- Les chiens de mon papi → sont très impressionnants mais si gentils !
- Le chat de tata → frotte ses oreilles contre ma joue pour me faire des câlins.
- Les poules du voisin → donnent des œufs délicieux !

d
1. La Manche
2. L'Océan Atlantique
3. La mer méditerranée

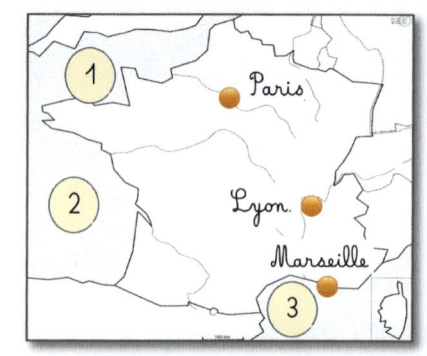

c

Départ 110 → 115, 101, 102, 260, 187, 308, 334 ... arrivée 359

(chemin parmi : 62, 115, 90, **176**, **216**, 201, 297, 310 / 101, **124**, **165**, 144, **252**, 198, 301, 314 / 110, 115, 101, 102, **260**, 187, **308**, **334** / 102, 103, 132, 159, **274**, **292**, 255, 359)

FICHE 15

a

	Verbe trouvé	infinitif
1	Je saisis	saisir
2	tu scies	scier
3	il finit	finir
4	nous posons	poser
5	elles ont	avoir

Mots croisés :
```
        F
S A I S I S
    N   C
    I   I
O N T   E
P O S O N S
```

d

15	27	34	42
XV	XXVII	XXXIV	XLII

58	61	76	83
XV	XXVII	XXXIV	XLII

c

1	5−2=3		1	1+50=51		1	25+2=43
2	3+3=6		2	4+8=12		2	3−1=2
3	6+20=26		3	51−12=39		3	27+2=29

FICHE 16

b

79	51	30	→	160
61	40	58	→	159
10	33	37	→	80

399 ← 150 | 124 | 125 | 399

c

| 25+2+8 | **25+2−8** | 25−8 |

| 150 + 10 | **150 − 10** |

d
- 🌧️ → It's rainy
- ☀️ → It's sunny
- ⛈️ → It's stormy
- ☁️ → a cloudy
- 🥶 → It's cold
- 🥵 → It's hot

Le Méli-Mélo d'activités autonomes CE2 — CORRECTION

FICHE 17

a) MOTS POSSIBLES

tir, tire, tirez, tirer, tirera, tireras, tirons, tri, trie, trier, triez, trions, rions, irons, irez, ira, iras, raz, rez, nez, cri, crie, cries, cria, crias, raie, raies, craie, craies, ver, verra, verras, cerne, cernes, cernons, cernez, cerna, cernas, rôtir, rôti, rase, rasez

b)

6	17	28	39	50	61	72
83	94	105	116	127	138	149
160	171	182	193	204	215	

c)

15	24	21
12	18	16
30	9	20

d)

1	vrai
2	faux
3	faux
4	vrai
5	faux

FICHE 18

a) Mots croisés : 1. VACHE 2. (VACHE) 3. CHEVAL 4. CHIEN 5. LION 6. ELEPHANT 7. CANARD

c)

2	16	7	13
15	5	10	8
12	6	17	3
9	11	4	14

2	9	11	16
13	14	4	7
8	3	17	10
15	12	6	5

c) Chemin (labyrinthe hexagonal) : départ 670 → 625 → 590 → 576 → 534 → 502 → 387 → 218 → 459 → 424 → arrivée 205

d)

789	8ème	VIIIème
1331	14ème	XIVème
1789	18ème	XVIIIème

FICHE 19

a)

Lettre	prénom	fruit, légume, fleur	animal	objet
H	Hélène	haricot	hérisson	harpe, hâche
I	Isabelle, Inès, Ivan	iris, igname	iguane	Iphone
J	Justine, Joris, Jérôme	Jujube, jonquille	Jaguar, jument	jupe
K	Kévin, Kylian, Kelly	kiwi, kaki	koala	Képi
L	Lana, Lola, Lucie, Loïc	litchi, lentille, laitue	Léopard, lynx, lion	lunettes, loupe
M	Manon, Maéva, Mattéo, Mathieu	mangue, menthe, maïs	marmotte, mouette, mammouth	manteau, montre

b)

3	Ils la conservaient dans des réservoirs souterrains bien fermés : les glacières.
5	Il y en a une très grande au château de Versailles.
1	Les réfrigérateurs ont été inventés en 1850.
6	Elle permettait à Louis XIV et à sa cour de consommer des glaces pendant l'été.
2	Avant cette date, les hommes prenaient de la glace naturelle durant l'hiver.
4	Aujourd'hui, on trouve encore des traces de quelques glacières.

c) **305 − 98**   305 − 101   305 + 98

2500 − 1904   2500 − 1904 − 239   **1904 − 239**

d)

| Le canard | L'hirondelle | L'autruche | La poule |
| Le colibri | Le manchot | **La chauve-souris** | Le flamant rose |

Le Méli-Mélo
D'ACTIVITÉS AUTONOMES CE2

CORRECTION

FICHE 20

a Les policiers <u>ont</u> <u>des</u> uniformes bleu<u>s</u> et <u>des</u> veste<u>s</u> verte<u>s</u>.

<u>les</u> péniche<u>s</u> se déplace<u>nt</u> lentement sur <u>les</u> can<u>aux</u> paisible<u>s</u>.

b
Louis	font de la gymnastique rythmique et sportive.
Mathieu et Jules	adore le foot comme son père.
Eléana	se retrouvent entre garçons au judo le jeudi soir.
Océane et Léonie	fait un chignon pour aller à la danse.

(Louis → se retrouvent entre garçons au judo le jeudi soir ; Mathieu et Jules → se retrouvent... ; Eléana → adore le foot ; Océane et Léonie → font de la gymnastique / fait un chignon)

c
1	8−7=1
2	5+10=15
3	1+15=16

1	1+20=21
2	21−9=12
3	12+6=18

1	7+9=16
2	16×10=160
3	160+4=164

d
Lundi : M O N D A Y
Mardi : T U E S D A Y
Mercredi : W E D N E S D A Y
Jeudi : T H U R S D A Y
vendredi : F R I D A Y
Samedi : S A T U R D A Y
Dimanche : S U N D A Y

(grille de mots croisés avec THURSDAY, FRIDAY, SUNDAY, WEDNESDAY, SATURDAY, MONDAY, TUESDAY)

FICHE 21

b La .2. de la tasse va influencer ton .6. ! Pour parvenir a cette découverte l'équipe de chercheurs a fait goûter du .1. chaud à cinquante-sept volontaires dans des ..7. de quatre couleurs différentes : rouge, blanche, orange et crème. La .5. chaude était la même dans toutes les tasses. Pourtant, les .3. ont jugé que le chocolat avait meilleur goût quand il se trouvait dans une tasse .4. ou crème.

c
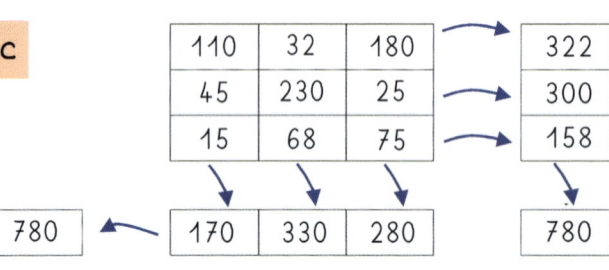

110	32	180	→	322
45	230	25	→	300
15	68	75	→	158

780 ← 170 330 280   780

d
| 124 | 253 | 531 | 670 |
| CXXIV | CCLII | DXXXI | DCLXX |

| 802 | 1031 | 2022 |
| DCCCII | MXXXI | MMXXII |

FICHE 22

a MOTS POSSIBLES

gris, grise, grises, grue, grues, russe, ruse, rusée, rusées, roi, rois, or, soir, soirée, soirées, paroi, parois, rasé, rasés, aussi, repas, repassé, repasser, espéra, espéras, séparé, séparés, réparé, réparés, aigri, aigris, aigu, aigus, aiguisé, aiguiser, aiguisera, aiguiseras

b *Où sont ces personnes ?* au supermarché
Pourquoi Estelle veut-elle s'asseoir ? car elle a beaucoup marché et elle est fatiguée.

c
4	13	22	31	40	49	58
67	76	85	94	100	109	118
127	136	145	154	163	170	

d
| Pour se servir les pâtes, Léo se sert dans le plat avec les mains. | d |
| Sam marche à côté de sa maman qui porte toutes les courses en sortant du supermarché. | b |

| Lucas tire la langue aux personnes âgées qui se promènent dans le parc. | c |
| Clem qui a un gros goûter ne veut pas en donner un petit peu à Sophie qui n'en a pas et n'a pas déjeuné le matin. | a |

Le Méli-Mélo
D'ACTIVITÉS AUTONOMES CE2
CORRECTION

FICHE 23

a. Mots croisés :
1. PANTALON
2. MANTEAU
3. JUPE
4. LEGGING
5. ROBE
6. GANTS
7. CHEMISE

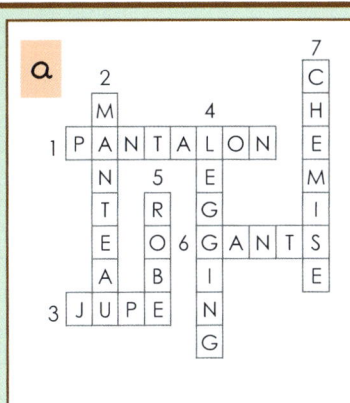

c. Pyramides :

		57		
	31	26		
16	15	11		
10	6	9	2	

		27		
	10	17		
5	5	12		
4	1	4	8	

		50		
	26	24		
13	13	11		
7	6	7	4	

d. Reliez :
- À l'automne, → les feuilles tombent. Les arbres ont déjà des bourgeons.
- En hiver, → Les bourgeons résistent au froid protégés par leurs écailles.
- Au printemps, → Les températures augmentent. Sur les arbres, les bourgeons s'ouvrent.
- En été, → Les fruits murissent et les arbres sont très verts et très feuillus.

FICHE 24

a.

	Verbe trouvé	infinitif
1	je mets (fais)	mettre
2	tu fais (mets)	faire
3	elle tend	tendre
4	vous êtes	être
5 ils ratent		rater

Mots mêlés :
R			F		
A			A		
T		M	I		
E	T	E	S		
N		T	E	N	D
T			S		

c.

12	15	9
14	28	40
18	36	21

d.

un mer	un océan
un planisphère	un globe
Pacifique	Atlantique
Afrique	Antarctique

FICHE 25

a. Les coraux dans la mer sont très beaux.
Les écureuils sont des petits animaux matinaux.

b.

Solal achète un pain au chocolat 1€20. Il paie avec un billet de 5 €. Combien le boulanger lui rend-il ?	5€ - 1€20 = 3€80
Le boulanger lui rend 3€80	

Emma achète une bouteille de jus d'orange à 3€10 et 4 pommes à 4€35. Combien doit-il payer ?	3€10 + 4€20 = 7€30
Elle doit payer 7€30.	

c.

1	15	6	12
14	4	9	7
11	5	16	2
8	10	3	13

2	13	8	15
16	7	10	5
11	4	17	6
9	14	3	12

d. Frise chronologique :
- Préhistoire
- Antiquité
- Moyen-Age — 800 — Charlemagne empereur
- Temps modernes — 1789 — Charlemagne empereur
- Epoque contemporaine

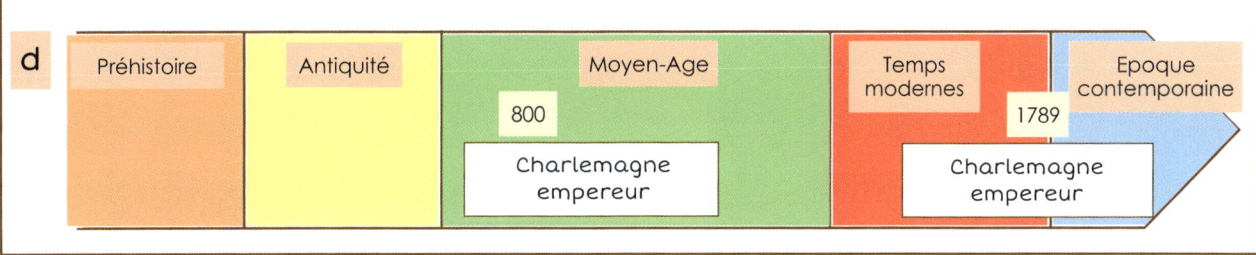

Le Méli-Mélo

D'ACTIVITÉS
AUTONOMES
CE2

JEUX

D'ATELIERS

LE P'TIT BAC
LE BOGGLE

LE P'TIT BAC

lettre	prénom	animaux	pays	ville	végétaux	objet
A						
B						
C						
D						
E						
F						
G						
H						
I						
J						
K						
L						
M						
N						
O						
P						
Q						
R						
S						
T						
U						
V						
W						
X						
Y						
Z						

La trousse de Sobelle

LE P'TIT BAC

lettre	prénom	animaux	pays	ville	végétaux	objet

La trousse de Sobelle

LE BOGGLE

Ecris des lettres au hasard dans les cases. Mets un chronomètre sur ………. minutes et trouve le plus de mots possibles.

2 lettres : 1 point
3 lettres : 2 points
4 lettres : 3 points
5 lettres et + : 4 pointsv

Mots trouvés	Nombre de lettres	Points

Mots trouvés	Nombre de lettres	Points
Total		

Ecris des lettres au hasard dans les cases. Mets un chronomètre sur ………. minutes et trouve le plus de mots possibles.

2 lettres : 1 point
3 lettres : 2 points
4 lettres : 3 points
5 lettres et + : 4 points

Mots trouvés	Nombre de lettres	Points

Mots trouvés	Nombre de lettres	Points
Total		

La trousse de Sobelle

Découvre mes autres ouvrages...

Plus d'infos sur mon blog : la Trousse de Sobelle

* Une méthode de dictées pour l'année :

Cette méthode comporte 30 dictées pour toute l'année.
Des textes originaux qui collent à la période de l'année et associés aux temps étudiés en classe. Afin de rendre les dictées dynamiques et motivantes, divers types sont proposés. Des textes à trous prêts pour les enfants en difficulté.
Pour le CM1, CM2 et double niveau CM1-CM2

* Le français en action !

Ma méthode de français comporte les 4 grands domaines en étude de la langue (grammaire, conjugaison, orthographe et vocabulaire). Tous les exercices sont corrigés et les évaluations sont à télécharger sur mon blog.
CE2, CM1, CM2

* Le cahier-journal du prof des écoles.

Enfin un outil pratique pour réaliser son cahier-journal au quotidien. Tous les documents indispensables à notre métier réunis dans un même cahier. Une aide précieuse pour nous faciliter la vie.

* Des textes à transformer

... ou comment travailler la conjugaison autrement ! Des textes simples et courts à transposer dans d'autres temps, avec d'autres personnes... 26 textes avec leur correction.
CM1 et CM2

* Un cahier d'écriture

Parce que nos élèves de cycle 3 n'écrivent plus assez, parce qu'ils ont, souvent, oublié comment faire les majuscules ou ils ne respectent pas la hauteur des lettres... un peu d'entraînement est indispensable !
CM1-CM2

* Les catégories des mots

Il s'agit de travailler la grammaire (classes de mots, nature et fonctions) ainsi que la conjugaison autrement, en classant les mots ou en les analysant.
CM1-CM2

Printed by Amazon Italia Logistica S.r.l.
Torrazza Piemonte (TO), Italy